AF596462

LA FRANCE

DE 1799 A 1856

PAR

G.-F. PARDONNET

Ancien membre de l'Université, chevalier de la Légion-d'Honneur.

PARIS — 1856

32

A1c

Montmartre. — Imp. PILLOY, boul. Pigale, 50.

LA FRANCE

DE 1799 A 1856.

Les hommes qui ont vu le premier Empire et toutes ses gloires, la Restauration et ses partialités, avec ses allures rétrogrades, la Monarchie de Juillet et toutes les promesses qu'elle a faites, mais qu'elle n'a pas pu ou pas voulu tenir, la République de 1848 et ses tendances anarchiques, domptées par le seul homme politique et gouvernemental qu'elle ait révélé, s'ils veulent se rendre compte du spectacle qui frappe tous les regards, et remonter aux causes, doivent avoir une expérience mûrie au creuset des tendances et des principes divers des chefs qui, depuis soixante années, ont présidé aux destinées de la France, et par conséquent s'attacher, de plus en plus fortement et de bonne foi, à notre nouvel Empire, dont la pensée éminemment nationale se révèle dans tous ses actes.

C'est ce qui, nous l'espérons, sera démontré dans les lignes qui vont suivre.

A nos yeux, toutes les opinions consciencieuses, tous les dévouements dont la source est dans le cœur, méritent le respect et les égards, lorsque ces opinions et ces dévouements ne se révèlent que par des paroles et des actions que dicte l'amour éclairé du bien public, qu'inspire le dévouement à la patrie.

Aussi loin de nous la pensée d'incriminer en rien les intentions, encore moins de descendre dans l'arène des ignobles personnalités, nous voulons simplement dire notre pensée, toute notre pensée, justifiée, selon nous, par des faits connus de tous, ou faciles à vérifier. Cela posé, recherchons de bonne foi, sans passions comme sans préventions, quels sont les caractères généraux des gouvernements qui nous ont régis depuis le Consulat jusqu'à nos jours; cherchons à déterminer quel a été leur raison d'être, leur programme et quelles sont les causes déterminantes de leur chute. En partant de ce principe, qui nous paraît absolu, que les gouvernements sont faits pour les peuples, et non les peuples pour les gouvernements, nous serons amené forcément à reconnaître que le gouvernement qui aura le plus fait pour les peuples, tant au point de vue moral que matériel, doit avoir de préférence toutes nos sympathies.

LE CONSULAT ET L'EMPIRE.

En 1799, le pouvoir avili, les revers de nos armées, le désordre dans les finances et dans l'administration, enfin l'anarchie, non dans la rue, mais bien dans le pouvoir même, tout présageait et faisait désirer un changement. Tous les regards des amis de la patrie étaient dirigés avec espoir sur l'illustre général qui revenait d'Egypte. On le désignait tout haut comme le seul capable de sauver la France et de la gouverner.

Telle fut la raison d'être du Consulat, et le besoin de stabilité nous donna l'Empire.

Le Consulat et l'Empire se firent peuple, c'est-à-dire que le chef de l'Etat s'imposa la belle mission que tout chef d'Etat devrait, selon nous, s'imposer, de faire tout pour ce peuple qui l'aimait tant. Aussi Napoléon Ier disait : Tout pour la France!

Les temples rouverts, le Code civil discuté et promulgué, l'industrie encouragée et en quelque sorte créée, la gloire nationale portée à son apogée, l'ordre régulier et sévère dans les finances et dans l'administration, l'instruction publique de tous les degrés rendue accessible à toutes les classes des citoyens, des routes tracées, des canaux creusés.

TIMBRE IMPERIAL

voilà les bienfaits généraux que nous devons à ce pouvoir qui dura trop peu pour réaliser toutes les grandes idées qu'il avait conçues, et spécialement pour donner, comme il le voulait, des instituteurs à toutes les communes, car les instituteurs ne s'improvisent pas.

Sans la guerre, fruit, non comme on l'a dit, de la volonté du chef de l'Etat, mais bien des agressions successives de l'étranger, que de merveilles auraient été ajoutées aux merveilles de cette époque si glorieuse à tant de titres!

Le peuple, qui rarement se trompe, et chez lequel se perpétue de génération en génération le souvenir de ceux qui l'ont aimé et qui lui ont fait du bien, ce peuple a prouvé, même de nos jours, par des faits éclatants, combien l'Empire a de profondes racines dans l'immense majorité des cœurs français.

Si l'Empire est tombé, c'est sous l'étreinte acharnée de toute l'Europe, dont l'orgueil des princes qui la gouvernaient était blessé de l'auréole éclatante qui brillait au front du grand homme que la Provdence avait donné à la France. — Cet orgueil blessé ne craignit pas, pour arriver a ses fins, d'employer l'ignoble corruption.

Ces princes, envers lesquels Napoléon Ier avait été tant de fois généreux, l'envoyèrent souffrir et mourir sur un rocher mortel......

DE LA RESTAURATION.

La Restauration, dont la seule raison d'être était la violence et le nombre des baïonnettes étrangères, avait cependant un beau rôle à jouer si elle eût compris sa position et celle de la France.

Après une longue suite de guerres qui avaient nécessairement fatigué les citoyens, elle apportait la paix, paix désastreuse, il est vrai, et à laquelle la France se résignait pourtant. — Elle aurait pu, peut-être, faire oublier, se faire pardonner sa violente origine étrangère.

Mais entourée par l'émigration qui voulait nous traiter en

peuple vaincu, mal conseillée, sans doute, ou mal inspirée, la Restauration méconnut ses devoirs et ses intérêts, et planta son drapeau au milieu de l'aristocratie nobiliaire et cléricale; elle oublia ou méconnut les intérêts du peuple qu'elle dédaignait. Elle fit plus, au lieu d'adopter franchement toutes les gloires de la France, les défenseurs de la France furent humiliés, pourchassés....

Comme nous regretterions d'être blessant, nous ne tracerons pas ici les noms flétrissants par lesquels on désignait les héros de Waterloo qui n'avaient pas succombé sous le fer assassin de la trahison.....

L'intolérance fut encouragée; des crimes atroces contre la liberté de conscience restèrent impunis, quoiqu'on en connût parfaitement les auteurs; des lois cruelles, barbares, rétrogrades, furent proposées; enfin la violation ouverte, audacieuse des lois fut proclamée, et la Restauration n'était plus.

Vaincue par ce peuple qu'elle avait dédaigné (c'est-à-dire par toutes les classes, moins l'aristocratie nobiliaire et cléricale), elle reprit le chemin de l'exil.....

DE LA MONARCHIE DE JUILLET.

La Monarchie de Juillet, imposée à la France par les deux cent vingt-un, sa seule raison d'être, fut acceptée sous bénéfice d'inventaire, parce qu'elle semblait vouloir donner satisfaction aux sentiments nationnaux. Elle rendit à la France son glorieux drapeau national; elle ramena sur les bords de la Seine les cendres de son Empereur et lui rendit des honneurs qui touchèrent les cœurs français. Elle nous dota d'une loi sur l'instruction primaire : cette loi était dans la pensée et dans les décrets de l'Empire. — Elle porte ses fruits.

Mais, ainsi que l'a dit un homme supérieur, grand écrivain : « On tombe toujours du côté où l'on penche. » La Monarchie de Juillet s'attacha trop aux intérêts matériels; on aurait dit qu'elle avait planté son drapeau au milieu d'un coffre-fort. En ne la réprimant pas d'une manière efficace, elle laissa la corruption s'introduire jusqu'au sommet de l'administration, et comme ce régime de corruption ne sera jamais soutenu par le peuple français, parce qu'il répugne trop à sa délicatesse, la Monarchie Juillet prit à son tour le chemin de l'exil, non vaincue par la force et le nombre de ceux qui l'attaquaient, mais bien parce qu'elle ne trouva point de défenseurs dans le peuple.... L'instinct du peuple français, éclairé par les symptômes les plus imperceptibles, a un tact bien plus fin, bien plus sûr qu'on ne le pense généralement : il sent admirablement qui l'aime, qui le protége.

La fibre nationale était douloureusement affectée du rôle secondaire que jouaient dès longtemps, à l'étranger, les représentants de la France. Le peuple français, comme tous les peuples, plus peut-être que les autres peuples, aime la paix, mais non la paix à tout prix. Ce froissement de la dignité nationale n'a pas été étranger, nous le pensons, à l'indifférence avec laquelle la France a vu s'écrouler la Monarchie de Juillet.

REVOLUTION DE FÉVRIER 1848.

A la chute de la Monarchie de Juillet, un Gouvernement provisoire fut institué, la République proclamée, et, disons-le hautement, parmi les chefs du Gouvernement, il s'est trouvé un homme éminent par ses antécédents, par ses sentiments nobles et élevés. Ame droite et courageuse, il a épargné à la France bien des mauvais jours par sa poétique éloquence. Mais au moment où tant de théories diverses, semblant toutes fondées sur quelques sentiments généreux, et ayant toutes des représentants dans le nouveau Gouvernement, il fallait une tête forte, véritablement gouvernementale, unie à une belle âme, pour maintenir l'ordre au milieu de ce chaos de théories et de prétentions diverses et opposées : il fallait l'ascendant du génie pour saisir et appliquer ce qu'il y avait de bon, de raisonnable dans toutes ces utopies qui s'étaient fait jour, et cette tête, ce génie manquaint au Gouvernement provisoire.

La France cherchait en vain cet homme parmi ceux qui présidaient à ses destinées.

Par un instinct admirable qui, plus que jamais, doit nous faire dire : *Vox populi, vox Dei*, la France se souvint d'un nom devenu le symbole de l'ordre et le protecteur des intérêts populaires, depuis le jour où les faveurs de la Providence l'ont signalé à l'admiration des peuples.

En vain le chef de cette famille est dans l'exil; la voix du peuple l'appelle à l'Assemblée constituante. Pour s'assurer des véritables sentiments des Français, il donne sa démission, tout en protestant de son dévouement à la France. Il est élu de nouveau, et son dévouement à la patrie ne lui permet pas de résister à ce nouvel appel.

Il paraît à la tribune, et chaque fois qu'il veut parler, des voix, des bruits étranges cherchent à couvrir ses paroles, comme si ces hommes qui proclamaient si haut les principes d'une liberté ressemblant à la licence, voulussent user de leur mandat pour bâillonner la voix de celui sur lequel ils savaient que la France attachait un regard d'espoir, ressemblant en cela à l'équipage d'un navire battu par la tempête, en danger de périr corps et bien, et qui attache un regard d'amour et d'espoir sur une ancre de salut.

Jetons le voile de l'oubli sur ces jours néfastes où les esprits, entraînés par les passions du moment, oubliaient les principes les plus élémentaires du droit et de l'équité et méconnaissaient le vœu national auquel ils voulaient substituer leur propre volonté.

Enfin, de par la Constitution, œuvre de la Constituante, un pouvoir définitif, quoique temporaire, doit remplacer et le Gouvernement provisoire et le général qui, après avoir vaincu l'émeute, est chef du pouvoir exécutif. Un président de la République doit être nommé. Presque tous les membres de l'Assemblée constituante, le chef du pouvoir exécutif et les membres du Gouvernement provisoire, tous, d'une manière plus ou moins active, plus ou moins directe, cherchent à influencer les électeurs contre le candidat de prédilection de la France, et, contrairement aux puissantes recommandations de tous ces corps constitués, une immense majorité appelle à la présidence Louis Napoléon.

Oui, les sympathies profondes que ce nom a conservées dans le peuple, la conviction qu'il est le symbole de l'ordre, qu'il est un symbole d'amour et de dévouement réciproque du peuple et de l'Etat, tout cela, disons-nous, a fait que, à la vue d'un danger imminent dont il souffrait déjà les atteintes, le peuple français a cherché et trouvé dans ce nom une planche de salut.

Les deux votes successifs qui ont suivi ce premier vote, et dont les majorités ont été de plus en plus considérables; trois emprunts votés à l'unanimité et non négociés à des banquiers, mais souscrits par le peuple, qui a offert deux, trois, cinq fois plus que la somme demandée, tous ces faits irréfragables ne disent-ils pas bien haut que les Français reconnaissent qu'ils ont trouvé dans Napoléon III l'ancre de sauvetage qu'ils cherchaient, et qu'ils s'en applaudissent?

Pour tous les hommes de bonne foi, l'histoire du monde n'offre pas d'exemple d'un baptême populaire renouvelé tant de fois, sous diverses formes, et dans des circonstances aussi extraordinaires, et avec un entraînement aussi honorable que touchant pour le cœur du sauveur de la France.

Qui pourrait ne pas voir dans ces événements le doigt de la Providence? Qui ne serait pas tenté de dire : *Vox populi, vox Dei?*

Certes, aujourd'hui qu'au baptême du peuple est venu se joindre le baptême de la victoire; aujourd'hui que, dans une lutte reconnue juste par toute l'Europe, en faisant le jubilé du premier Empire, nos guerriers ont si glorieusement baptisé le nouveau; maintenant que Napoléon III a signé la paix avec les plénipotentiaires étrangers, et qu'il est reconnu, proclamé par le peuple même avec lequel nous étions en guerre; que c'est à la modération de l'Empereur des Français que le monde doit la paix; lorsque, pour comble de joie, le ciel a béni son union d'un héritier, on peut dire avec justesse : ***Dieu mène la France.***

Voilà des faits constants; ajoutons que, vus de loin, c'est-à-dire en dehors du tourbillon des passions qui, trop souvent encore, cherchent à les défigurer, ces faits ont donné aux autres peuples une haute idée de notre gouvernement et de la France, et que jamais le nom et le gouvernement français n'ont été respectés, honorés et aimés à l'étranger comme aujourd'hui.

De ces faits constants, publics et que nul ne pourrait contester, il y a une conclusion fort logique, selon nous, c'est que, depuis son oncle, Napoléon III est le souverain le plus cher et le plus sympathique au peuple français.

Recherchons-en les causes, comparons le passé au présent, et voyons si cette confiance, qui se révèle et grandit dans toutes les circonstances, n'est pas justifiée.

La branche aînée et la branche cadette des Bourbons ayant disparu sous le coup de la réprobation populaire ou de l'indifférence, et sans que le peuple défendît ou regrettât ni l'une ni l'autre, nous n'avons plus à nous en occuper que comme terme de comparaison. Prenons donc les faits depuis 1848, 24 février, jusqu'à ce jour; cela nous paraît logique, car la Monarchie de Juillet a été l'œuvre de la Restauration, et la Monarchie de Juillet a produit 1848 et ses œuvres.

Du 24 février au 20 décembre 1848, la France a été dans un état d'effervescence difficile à dire; la propriété était en question; le propriétaire était en suspicion, menacé dans son bien, dans sa personne.

L'appel aux mauvaises passions, fait dans nos campagnes au nom (à leur insu, sans doute) de certains membres du Gouvernement provisoire, a fait passer de mauvais jours, surtout de mauvaises nuits, aux cultivateurs grands et petits. Nous connaissons des villages où les paysans les plus aisés, et fort loin d'être riches, avaient de la lumière toute la nuit, s'attendant instantanément à être attaqués.

Les grands propriétaires n'avaient-ils pas été obligés de former une garde nationale pour qu'on ne portât aucune atteinte à leurs propriétés menacées d'être dévastées par des bandes qui en convoitaient les produits?

Les habitants des villages, qui n'ont pas de terres, en prennent à bail, et c'est, de la part du propriétaire, le plus souvent un acte de complaisance pour aider les pauvres; eh bien! en recevant la redevance, il y a une foule de propriétaires auxquels on disait : Je ne sais si je dois encore payer, je cultive votre champ depuis si longtemps qu'il doit bientôt m'appartenir; — et que d'autres faits dans le même ordre d'idées?

Dans nos cités, petites ou grandes, les clubs excitaient et entretenaient une agitation continuelle par les questions brûlantes que l'on y discutait, par les principes incendiaires que l'on y émettait. Ces faits étaient la ruine de la confiance, par conséquent du commerce, et semblaient n'être que les précurseurs de faits plus désastreux.

Dans presque toutes nos écoles élémentaires, au lieu de s'occuper avec les enfants des éléments des sciences, le maître parlait politique, socialisme, à des enfants dont le plus grand nombre ne savaient pas lire. On chantait des chansons républicaines, socialistes : l'objet pour lequel les élèves étaient réunis était le seul négligé. On ne parlait pas encore ouvertement contre la religion, mais on riait du prêtre....

Ainsi le désordre, l'anarchie, l'immoralité étaient dans les esprits, dans les idées et jusque dans le sanctuaire de l'innocence.

Que de mères ont gémi de ces coupables aberrations! Que d'hommes graves, sincèrement amis de l'humanité et de leur patrie, ont frémi en parcourant la France, à l'aspect de l'avenir, disons le mot, du cataclisme moral et matériel dont notre belle France, depuis si longtemps le soleil du monde, le point de mire de tous les peuples, était menacée.

Eh bien! qui a marqué le point d'arrêt des orgies de cette prétendue liberté qui, pour les âmes honnêtes, est bien le plus épouvantable comme le plus immoral et le plus honteux despotisme? n'est-ce pas l'élu du 20 décembre?

Après cette élection, la France a été, comme par enchantement, soulagée, délivrée de l'épouvantable cauchemar qui pesait sur elle.

L'appel énergique fait à tous les partis par le chef de l'Etat, de se rallier, de se grouper autour du drapeau national pour la prospérité de la patrie, rassure tous les intérêts, épanouit tous les cœurs, la confiance renaît.

Désormais tous les nobles instincts sont favorisés ; la propriété est respectée, l'ouvrier honnête est heureux de pouvoir travailler, heureux d'être délivré des séductions qui l'assiégeaient et l'intimidaient quand il voulait y résister.

L'agitation révolutionnaire n'est plus que dans les régions supérieures de la société et parmi quelques-uns de leurs adhérents, instruments de leur ambition.

L'ordre et la moralité rentrent dans nos écoles ; — les bonnes mères, rassurées sur leurs enfants, se livrent à leurs travaux ordinaires.

Sans doute on ne peut plus monter sur une borne pour faire un appel aux passions cupides.

Il n'est plus permis de confier au papier une menace incendiaire, de prendre le fusil......

Le Gouvernement veille, non à punir ceux qui troublent l'ordre, mais à empêcher que l'ordre soit troublé, et toutes les âmes honnêtes applaudissent à un si heureux changement.

L'Assemblée constituante, sentant qu'elle n'est plus l'expression du vœu national, est amenée à se dissoudre devant le véritable élu de la France.

L'Assemblée nationale la remplace, et quoique d'abord en apparence plus modérée, elle renferme en son sein tous les éléments dissolvants et le même esprit d'opposition au chef de l'Etat. Toutes les lois qu'il propose et qui portent le cachet d'une évidente amélioration deviennent une cause de répulsion ou de défiance, sous prétexte que le président de la République veut se faire bien venir, comme si le chef de l'Etat devait éviter de faire le bien du pays!....

Il faut être singulièrement aveugle ou de mauvaise foi pour se plaindre des mesures utiles, des lois équitables que propose le chef de l'Etat. — C'est, comme disait le président Dupin : *C'est faire fausse route.* Mais les passions ne raisonnent pas. Enfin cette Assemblée, fractionnée en cinq ou six partis divers, dont chaque parti vise à un but différent, se met en opposition flagrante avec la France et par conséquent avec le Président qui la représente, et chaque parti conserve l'espoir de faire tourner à son avantage le conflit vers lequel il tend.

Les fonctions du Président touchent à leur terme : par des millions de signatures la France demande que l'article de la Constitution, qui ne permettait pas de le réélire, soit révisé. La Chambre repousse par l'ordre du jour ce vœu national. Dès-lors, il fut évident que Louis-Napoléon marchait avec la nation, et que la Chambre voulait autre chose que ce que voulait la France; cette Chambre semblait même vouloir attenter aux droits et à la personne du chef de l'Etat, qui avait, lui, les sympathies et les vœux du peuple. Il fallait donc réaliser le vœu du pays ou voir l'anarchie désoler de nouveau nos provinces. Il fallait sauver la France en faisant ce qu'elle désirait ou bien l'abandonner, la livrer en proie à ses ennemis.

Pour un grand cœur comme le sien, sachant la nation avec lui, la voix du peuple devait être son guide...... et inspirer à Louis-Napoléon la suprême résolution qu'il a prise. Les votes pour la dictature, pour l'Empire et pour les emprunts ont surabondamment prouvé que les Français ont compris tout ce qu'il y avait de grand, de généreux et de conforme au vœu national, dans le coup d'Etat.

En effet, pendant les quelques semaines qu'a duré la dictature, Louis-Napoléon a remué et résolu plus de questions éminemment utiles à l'ordre social que tous les gouvernements qui ont régi la France depuis 1815.

DE L'EMPIRE.

Enfin l'Empire, fondé par la Providence et le vœu du pays, est venu donner aux destinées de la France une marche régulière, stable et prospère. Depuis notre nouvel Empire, deux phases extraordinaires, la cherté des subsistances et la guerre, ont révélé au monde la puissante volonté du génie qui préside aux destinées de la France et aussi que notre Gouvernement, haute expression du vœu national, n'a qu'une pensée, celle de veiller au bien-être de tous les Français.

La guerre entreprise pour sauvegarder les droits des nations et l'équilibre de l'Europe a été habilement conduite. Elle a été glorieuse pour nos armes et aussi pour le noble caractère de nos soldats, de notre belle armée. Cette guerre a grandi le nom des Français à l'étranger et conquis à la France l'amour de nos ennemis. Jusqu'à huit cents lieues de la patrie, la sollicitude paternelle du chef de l'Etat pour nos soldats les a pourvus de tout ce qui était nécessaire.

Aussi à l'étranger on dit hautement que nos soldats sont les premiers du monde, et que notre administration militaire devrait servir de modèle à toutes les autres.

La crise des subsistances, quelque longue et douloureuse qu'elle ait été, n'a pas amené la disette, grâce aux soins et aux bienfaits du chef de l'Etat. Le travail n'a pas manqué, et tout ce qui, humainement, pouvait être fait, l'a été, pour amoindrir les souffrances et soulager la classe pauvre.

Des administrateurs de bureaux de bienfaisance de Paris et de la province, et en fonctions depuis trente à quarante ans, nous disaient : Jamais nous n'avons vu l'assistance publique aussi abondante et exercée avec autant d'intelligence que depuis notre nouvel Empire.

Aussi, malgré la guerre et la cherté des subsistances, presque toujours la source de perturbations dans les finances, dans les revenus publics et la prospérité nationale, le commerce, l'industrie, les revenus publics sont prospères et avec la paix vont sans doute prendre un nouvel essor.

Si au lieu de planter son drapeau, comme il l'a fait, au sein des intérêts généraux, en invitant toutes les classes, toutes les opinions à s'y rallier, Napoléon III l'eût planté au milieu de l'aristocratie nobiliaire et cléricale, ou bien encore au milieu de l'aristocratie d'argent, nous le demandons à tous les hommes de bonne foi, où en serions-nous?

Si au lieu de relever le drapeau de la France et de le constituer protecteur du droit et de la justice, de l'opposer aux projets envahisseurs, il eût conservé la paix à tout prix, que seraient devenues la France et l'Europe ?

L'Europe serait, par la prise de Constantinople, tombée sous le joug de la Russie, et la France au troisième rang des puissances, tandis que, ouvrons les yeux, et nous serons forcés de reconnaître qu'elle occupe le premier rang.

Français de toutes les classes, y a-t-il dans ce qui précède un seul fait qui ne soit d'une exactitude mathématique? Tous les actes du Gouvernement de notre choix ne sont-ils pas éminemment utiles à la patrie ! Si tout est vrai , si tout est utile (et tout est utile et vrai), à qui le devons-nous?

Les travailleurs de tous les degrés répondent avec nous, c'est évidemment à notre nouvel Empire.

Les favoris de la fortune, plus égoïstes et pour cela même plus ingrats, pourraient-ils oublier que leurs moyens d'existence ont failli leur être enlevés, ravis? Pourraient-ils s'aveugler au point de ne pas reconnaître et apprécier ce que le Gouvernement actuel a fait pour eux, par le rétablissement de l'ordre et en protégeant les classes laborieuses? De quoi ont surtout besoin les favoris de la fortune? N'est-ce pas de jouir paisiblement de leur bien-être? Maintenir l'ordre après l'avoir rétabli, prévenir le mal au lieu d'être réduit à le punir, procurer aux travailleurs de quoi pourvoir à leur existence par des occupations honorables, n'est-ce pas protéger les riches de la seule manière qui puisse leur être utile et leur plaire?

Quoique cette protection paraisse leur arriver d'une manière indirecte, s'ils voulaient jeter un regard vers un passé qui les effraie ne seraient-ils pas animés de la plus vive gratitude?

En nous résumant, de tous les gouvernements qui ont régi la France depuis 1815, le nôtre peut-être, à juste titre, considéré comme le gouvernement réparateur des maux qu'ont faits les autres, tant au point de vue de la dignité nationale que du bien-être intérieur. Lui seul a fait sentir son influence protectrice sur toutes les classes de la société, sans distinction, et surtout au travailleur.

Aucun autre n'a sauvegardé la dignité et l'indépendance nationale au même degré ; aucun autre n'a su placer le drapeau de la France aussi haut et le faire respecter que notre nouvel Empire!

Aucun des gouvernements qui l'ont précédé n'a été aussi

magnanime envers ceux qui les avaient combattus, puisque, avant trois ans de règne, tous ceux qui se sont élevés contre lui sont libres de rentrer au giron de la patrie, à une seule condition, que, chose étrange, on a trouvé exorbitante, à la condition de se soumettre aux lois du pays, comme s'il y avait une seule contrée au monde où il fût permis de vivre sans en respecter les lois ! Les fastes de l'humanité ne nous offrent pas un souverain qui se soit dévoué au soulagement des populations, en exposant même sa vie, comme l'a fait spontanément l'Empereur des Français dans une circonstance récente.

Aussi tous les nobles cœurs, non-seulement en France, mais encore à l'étranger, frappés de ce beau dévouement, lui ont voué un triple sentiment d'admiration, de gratitude et d'amour.

Après avoir passé douze années loin de notre belle patrie, au moment où nous la revoyons si heureuse, si prospère, nous n'avons pu nous défendre de dire tout haut les sentiments de joie et d'orgueil que notre cœur éprouve, en voyant l'Empereur dévoué, juste et bon pour tous, et voulant que les hommes revêtus de sa confiance soient dévoués, justes et bons pour tous et surtout pour le faible, pour le travailleur.

Puissent tous les agents du Gouvernement, par leurs paroles et par leurs actions, traduire bien aux populations la pensée de Napoléon III, et en faisant respecter le Gouvernement dont ils sont les organes, le faire aimer comme il mérite si bien de l'être !

Ce 18 juillet 1856.

IMPR.

www.ingramcontent.com/pod-product-compliance
Lightning Source LLC
LaVergne TN
LVHW052040160826
845678LV00003B/1456

* 9 7 8 2 3 2 9 6 3 0 1 3 7 *